Conoce a los caballos

Los caballos mustangos

por Rachel Grack

Bullfrog en español

Ideas para padres y maestros

Bullfrog Books permite a los niños practicar la lectura de textos informativos desde el nivel principiante. Las repeticiones, palabras conocidas y descripciones en las imágenes ayudan a los lectores principiantes.

Antes de leer
- Hablen acerca de las fotografías. ¿Qué representan para ellos?
- Consulten juntos el glosario de las fotografías. Lean las palabras y hablen de ellas.

Durante la lectura
- Hojeen el libro y observen las fotografías. Deje que el niño haga preguntas. Muestre las descripciones en las imágenes.
- Léale el libro al niño o deje que él o ella lo lea independientemente.

Después de leer
- Anime al niño para que piense más. Pregúntele: ¿Has visto alguna vez un mustango? ¿Dónde estaba?

Bullfrog Books are published by Jump!
5357 Penn Avenue South
Minneapolis, MN 55419
www.jumplibrary.com

Copyright © 2026 Jump! International copyright reserved in all countries. No part of this book may be reproduced in any form without written permission from the publisher.

Library of Congress Cataloging-in-Publication Data is available at www.loc.gov or upon request from the publisher.

ISBN: 979-8-89662-148-5 (hardcover)
ISBN: 979-8-89662-149-2 (paperback)
ISBN: 979-8-89662-150-8 (ebook)

Editor: Katie Chanez
Designer: Molly Ballanger
Translator: Annette Granat
Content Consultant: Becky Robb Hotzler; Wells Creek Wild Mustang Sanctuary; This Old Horse, Inc.

Photo Credits: mariait/Shutterstock, cover; Tom Tietz/Shutterstock, 1, 14–15, 23tm; twildlife/iStock, 3, 16, 18–19, 23bm; Chris Sattlberger/Blend Images/SuperStock, 4; Rob Palmer Photography/Shutterstock, 5, 23br; Wildphotos/Dreamstime, 6–7, 23bl; Lynn Bell Thompson/Shutterstock, 8–9, 23tr; John Morrison/iStock, 10, 24; Drazen_/iStock, 11; htrnr/iStock, 12–13, 23tl; Jorn Vangoidtsenhoven/Dreamstime, 17; Taiga/Shutterstock, 20–21; yenwen/iStock, 22.

Printed in the United States of America at Corporate Graphics in North Mankato, Minnesota.

Tabla de contenido

Salvajes y libres	4
Un vistazo a un caballo mustango	22
Glosario de fotografías	23
Índice	24
Para aprender más	24

Salvajes y libres

Estos caballos **salvajes** corren.

Son mustangos.

planicies

Ellos viven en **planicies**.

Algunos tienen **pelajes** de color café.

Otros son blancos o negros.

Ellos tienen patas fuertes.

Corren rápido.

Tienen **cascos** duros.

Caminan sobre rocas.

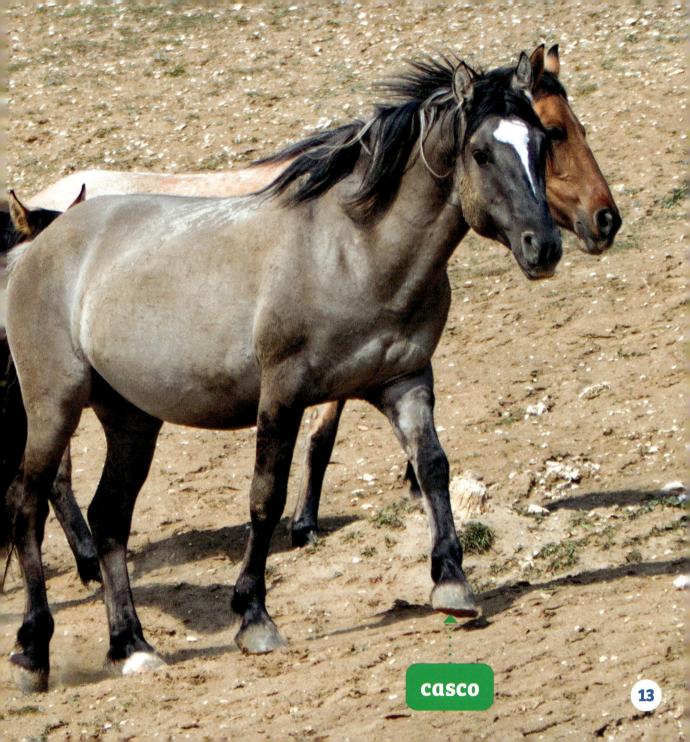
casco

Muchos viven en **manadas**.

Ellos comen hierba.

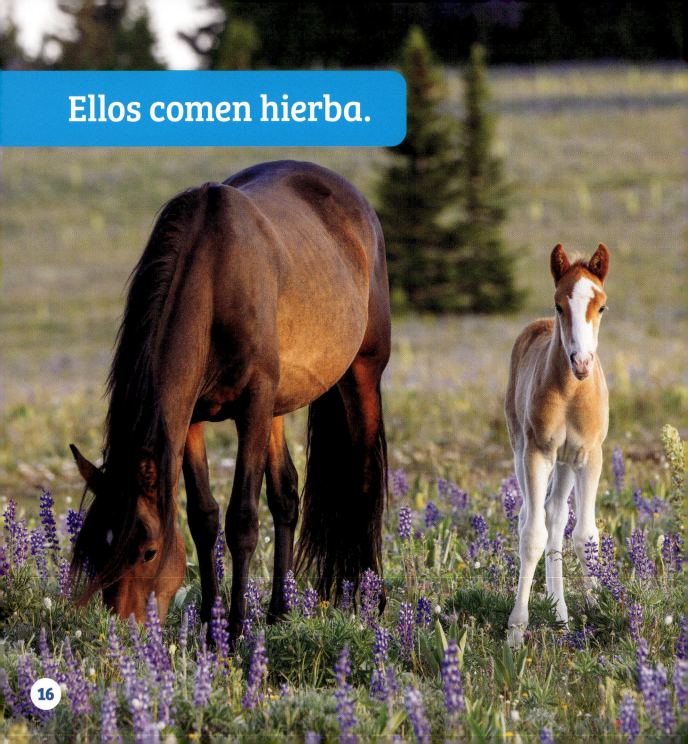

Encuentran agua para tomar.

Los **potrillos** juegan.

Las mamás se quedan cerca.

Ellos crecen.

¡Se quedan con la manada!

Un vistazo a un caballo mustango

¿Cuáles son las partes de un caballo mustango? ¡Échales un vistazo!

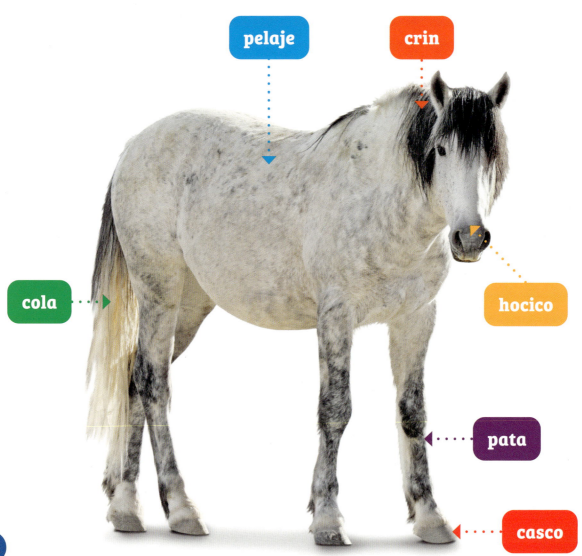

22

Glosario de fotografías

cascos
Las partes duras que cubren los pies de un caballo.

manadas
Grupos de caballos.

pelajes
El pelo de los caballos.

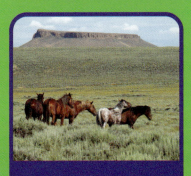
planicies
Grandes áreas de llanuras planas con pocos o sin árboles.

potrillos
Caballos jóvenes.

salvajes
Que viven en condiciones naturales y sin domesticar por los humanos.

23

Índice

cascos 12	pelajes 8
comen 16	planicies 7
corren 4, 11	potrillos 18
fuertes 10	rápido 11
manadas 15, 21	salvajes 4
patas 10	tomar 17

Para aprender más

Aprender más es tan fácil como contar de 1 a 3.

❶ Visita **www.factsurfer.com**

❷ Escribe "**loscaballosmustangos**" en la caja de búsqueda.

❸ Elige tu libro para ver una lista de sitios web.